提案のための
問題解決思考

鵜飼　幸子
友斉　照仁　著

職業訓練法人Ｈ＆Ａ

◇ 発行にあたって

　当法人では、人材育成に係る教材開発を手掛けており、本書は愛知県刈谷市にあります ARMS 株式会社（ARMS 研修センター）の新入社員研修を進行する上で使用するテキストとして編集いたしました。

　ARMS 研修センターの新入社員研修の教育プログラムでは、営業コースをはじめ、オフィスビジネスコース、機械加工コース、プレス溶接加工コース、樹脂加工コースなど全 18 種類の豊富なコースを提供しております。また、昨今の新型コロナウイルス感染拡大を受け、Zoom※でのネット受講でも使用できるように、できる限りわかりやすくまとめましたが、対面授業で使用するテキストを想定しているため、内容に不備があることもございます。その点、ご理解をいただければと思います。

　本書では新入社員研修の内容をご理解いただき、日本の将来を背負う新入社員の教育に役立てていただければ幸いです。

　最後に、本書の刊行に際して、ご多忙にもかかわらずご協力をいただいたご執筆者の方々に心から御礼申し上げます。

2021 年 3 月
職業訓練法人　H&A

※Zoom は、パソコンやスマートフォンを使って、セミナーやミーティングをオンラインで開催するために開発されたアプリです。

◇ 目次

第5章　実行する

第6章　提案の仕方

第7章　実践のために

第1章 問題を解決する力

1．すべての人が身につけるべき力

（1）仕事は問題解決の繰り返し

あらゆる仕事は問題解決の繰り返しです。

技術職であれば「どうしたらもっと製品の性能を高めることができるか」
営業職であれば「どうしたらお客様が商品を買ってくれるか」
事務職であれば「どうしたらもっと効率よく伝票を処理できるか」
経営者であれば「どうしたら自社はもっと発展することができるか」
政治家であれば「どうしたらこの国の明るい未来を作ることができるか」

といった問題に、日々取り組んでいます。

もっと成果を出すために、もっと成長するために、自ら進んで問題に取り組む人もいるでしょう。
問題など見たくもない、自分は毎日同じ作業を繰り返すだけでよいのだという人であっても、予期せぬトラブルはいつでも、どこからでも襲い掛かってくる可能性があります。

つまり、問題を解決する力はあらゆるビジネスパーソンに求められるものなのです。
もっと言ってしまえば、問題が起きるのは仕事においてだけではありません。プライベートでも、それは日々起こっています。
問題を解決する力はあらゆる人にとって必須のものなのです。

（2）問題を解決する力を身につけるには

それでは、問題を解決する力はどうやって身につければ良いのでしょうか。

速く走るためには筋肉をつけ、心肺機能を鍛えるだけでなく、正しいフォームを身につけることが必要です。同様に、問題を解決するためにはいわゆる「地頭の良さ」だけに頼るのではなく、正しいやり方を身につけることが大切です。

走る力　　　　　　　　　　　　　　　問題を解決する力

　＝ 身体能力 × 正しいフォーム　　　　　＝ 地頭の良さ × 正しいやり方

図表 1：問題を解決する力の因数分解

　問題を解決する力は、生まれつき頭の良い人だけが持つ特別なものではありません。

　技術を使いこなすことによって、誰でも、いつからでも鍛えることができる後天的な能力なのです。

　本書では、問題を解決するための技術をお伝えします。

　しかし、読むだけでは絶対に身につきません。

　走るときの正しいフォームと同じで、知識として知っているだけでは意味がありません。問題解決の現場で実際に何度も使い、使い方を身につける必要があります。

　ぜひ、ご自身の仕事で使うシーンを想像しながら読み進めてみてください。

（3）無意識を意識的に

　本書でご紹介する内容は、人によっては当たり前に実践できているものもあると思います。

　しかしそれらは、すべて目的を持って、明確に意識して実践しているものでしょうか？

　人間の学習能力は素晴らしいもので、何であれ毎日繰り返して行っていることはコツをつかんで上達していきます。

　しかし、無意識のうちに自然と最適化されるよりも、言語化し、意識して改善を繰り返すほうがはるかに効率的なだけではなく、部下や後輩に伝えて組織としての能力向上を期待できます。

　これまで無意識のうちに行っていたことを、敢えて意識して行う。

　その点も留意していただければと思います。

２．問題と課題

（１）問題とは何か

最初に言葉の定義を明確にしておきましょう。

問題と課題。

似たような意味合いの単語ですが、本書では以下のように定義します。

問題　＝　個人や組織、社会の現状が、あるべき姿とかけ離れている状態

課題　＝　問題を分析し、解決策を考えられるレベルまで具体化したもの

具体例を挙げます。

ある会社で、今年度の利益が昨年度の半分になってしまいました。これは問題でしょうか？

利益半減と聞くと大変なことのように思えてしまいますが、それだけで問題であると断ずるのは早計です。

もし経営陣が

「今期は将来に向けて人材育成に力を入れていきたいので、採用・教育に資金を投入しよう。一時的に利益が減るのは想定内だ」

と考えていたのだとしたら、それは問題ではありません。

あるいは当初の予定では昨年度と同じように利益を出すつもりでいたけれど、実際には利益が半減してしまったということであれば、それは問題です。

つまり、利益半減という状態が、意図していたあるべき姿と一致しているかが基準となるのです。

そして

「予定通りの利益を得るためにはどうすればよいか？」

というのが取り組むべき問題となります。

（２）課題とは何か

（１）で挙げた会社の利益半減が意図しないもの、すなわち問題であったならば、それを解決する必要があります。

しかし

「予定通りの利益を得るためにはどうすればよいか？」

と言われても、あまりに抽象的な問いで何から手をつけてよいか分かりません。

　そこで、どこで問題が起きているのか、なぜ問題が起きているのかを詳しく分析し、具体化していきます。そして解決策を考えられるレベルまで具体化したものを、本書では課題と定義します。

　課題とは「問題を解決してあるべき姿にたどり着くために解決すべき事柄」と言い換えることも可能です。

　なぜ利益が半減しているのかを詳しく分析し、「学生に人気の高い商品 X の売上が激減している」ことが原因と分かれば、「商品 X の売上を回復させるためにはどうすればよいか？」と考えを進めることができるようになります。これが、課題を特定できた状態です。

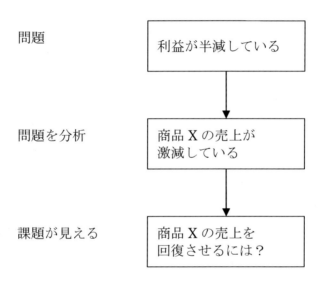

図表 2：問題から課題を特定する

　問題をどこまで具体化すれば課題と呼べるのかという基準、つまり問題と課題に明確な境界線はありません。

「ここまで具体化すれば解決策を考えられるだろう」

　と判断すれば、解決策を考え始めてしまって構いません。もしも良い解決策が出てこなかったならば、改めて課題を考え直せばよいのです。

　細かい定義を気にするよりも、実務に役立てることが大切です。

３．問題解決のプロセス

（１）問題解決のプロセス
問題を解決するプロセスは、以下の4つに分けることができます。

1. 問題を見つける
2. 課題を特定する（何を解決すれば問題が解決するかを考える）
3. 解決策を考える（何をしたら課題を解決できるかを考える）
4. 実行する

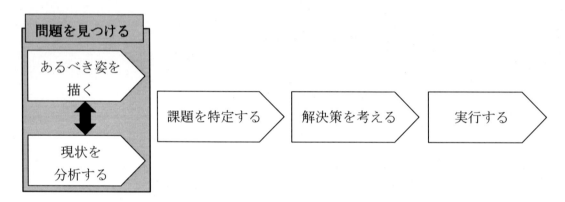

図表3：問題解決のプロセス

　本書ではこのプロセスに則って、より早く、より効果的に問題を解決するための技術、即ち問題を解決する力を向上させる方法をご説明します。

（２）いきなり解決策を考えない
　意識していただきたいのは
「今年度の利益が半減した」
という情報を見て

「コストを削減しなければ。どこから削ろうか？」
という具合に、いきなり解決策を考え始めないということです。

　いついかなる場合であっても、無駄なコストを削減することは有意義です。それによって利益が増えることも期待できます。
　しかし、利益半減の原因が主力製品の売上不振にあったとしたら、この問題に対しての根本的な解決策にはなりません。

　さらに言えば、そもそも利益半減が意図したものであったならば、今急いでコスト削減に取り組む必要はないと言えるかもしれません。

　いきなり解決策を考え始める前に、まず何を考えるべきかを考えましょう。
　それが本書でお伝えしたい最も重要なメッセージです。

第2章 問題を見つける

1．問題の特定

問題を解決するためには、まず何が問題なのかを特定する必要があります。

第1章では問題を

「個人や組織、社会の現状が、あるべき姿とかけ離れている状態」

と定義しました。

つまり、このギャップをどうしたら埋めることができるかを考えていく必要がありますが、その前提としてどんなギャップが存在しているのかを認識する必要があります。

そのためには

1．あるべき姿からのアプローチ
2．現状からのアプローチ

という二つの方法があります。

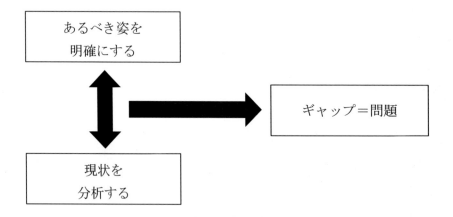

図表4：問題を見つけるためのアプローチ

２．あるべき姿からのアプローチ

（１）あるべき姿を明らかにする

　問題を明らかにするための一つ目の方法は、まずあるべき姿を明確にすることです。
　あるべき姿が明確になれば、それと現状を比較して問題を明らかにすることができます。

　たとえば、ある企業が自社のあるべき姿を
「○○の分野で国内シェアナンバー１の企業になる」
　と設定したのであれば、現在のシェアの順位からあるべき姿に到達するためにどうすれば
よいかが問題となります。

　あるべき姿を明確にすることは、問題を明らかにするために、ひいては問題を解決するため
に、最も重要な要素となります。

　問題解決のプロセスは長く複雑で、利害が対立する複数の関係者が絡むことも少なくあり
ません（簡単に解決できるようなら、そもそも問題として残っていません）。
　そのような場合、思い悩んだり議論が白熱したりした結果として、目的を見失いあらぬ方向
に進んでしまう、本質とは関係のないところに時間を費やしてしまうといった恐れがありま
す。

　そうならないためには、あるべき姿、すなわち
「そもそも何を目指しているのか」
「どうなっていればよいのか」
「どうなっていたいのか」
　を意識し続けることは重要です。

（２）あるべき姿の描き方

　あるべき姿には唯一の正解があるわけではありません。

　先ほど
「○○の分野で国内シェアナンバー１の企業になる」
　という例を挙げましたが、国内シェアナンバー１が唯一の正解で、シェアトップ５入りを目
指すのが間違いということはありません。シェアではなく年商を目標に掲げたとしても、何も
問題はありません。
　あるべき姿は法や倫理に反しない限り、自由に設定することができます。
　一方で、自由に設定できる、正解はないと言われると、逆に何を目指せばよいか悩ましいと

いう方も多いかもしれません。

　そのような場合は、「したい」「ねばならない」の二つのアプローチで考えることをお勧めします。

■「したい」から描く

　「自分たちは何をしたいのか」

　「世の中にどんな影響を与えたいのか」

　「どんな集団でありたいのか」

　といった問いかけを通してあるべき姿を洗い出し、整理して、明文化するというアプローチです。

　一人または少数のトップが決める場合もあれば、メンバー全員が集まって意見を出し合いボトムアップで決める場合もあります。

■「ねばならない」から描く

　やらなければならないこと、周囲から求められていることは何かを整理して、それを達成しているのはどんな状態かを考えるアプローチです。

　たとえば、現時点で残念ながら赤字に陥っている会社であれば、最低これくらいの売上があれば黒字化することができるという、いわゆる損益分岐点売上高を達成している状態が、まずは目指すべき姿となるでしょう。

　一般的に、「したい」から描いたあるべき姿は定性的なものに、「ねばならない」から描いたあるべき姿は定量的なものになる傾向があります。

（3）定量的／定性的

　定量的とは、物事の度合いを数字で量ることができるという意味です。

　数字がいくつを示しているか、多いのか少ないのかは誰の目にも明らかなので、認識のずれによる誤解が生じる恐れがありません。

　たとえば、部下が作業の進み具合を報告してきたケースを想定します。

「予定より少し遅れています」

　という報告で、実際にどれくらい遅れているのかを理解できる人は少ないでしょう。

　明日には挽回できるのか、手助けが必要なのかといった判断ができず、問題の深刻さに気付いたときには既に手遅れ……などという恐れもあります。

しかし

「予定では今日までに5工程を終わらせている予定でしたが、まだ4工程目の途中です」

もしもこんな風に遅れ具合が数字で表されていたら、認識のずれをなくすことができます。これが定量的に物事を捉えることのメリットです。

一方の定性的とは、物事の度合いを数字で量ることができない（ゆえに性質を表現するしかない）という意味です。

たとえば「自分がどれくらい幸せか」「社員がどれくらい仕事に満足しているか」のような要素は、数字で量ることができません。幸せや満足を感じる基準は人それぞれですし、人は同じであっても「私が晴れの日に感じる幸せを10とすると、雨の日の幸せは5です」のように自分の感情を数値化することは難しいでしょう。

定性的な表現はこのように曖昧なものですが、曖昧であるがゆえに人の心を揺さぶる、つまり人をわくわくさせる側面もあります。たとえば

「日本一社員が幸せな会社」

と言われても、仕事内容、給料、待遇などの具体的な要素は一切分かりません。

しかし、なんとなく良い会社だなという雰囲気が伝わってくるような気がしませんか？

「したい」から描いたあるべき姿と「ねばならない」から描いたあるべき姿の特徴をまとめると、以下のようになります。

「したい」から描く	「ねばならない」から描く
定性的（数字で表せない）	定量的（数字で表せる）
抽象的	具体的
認識にずれが生じる恐れがある	正確に伝わる
聞き手の心を揺さぶる	聞き手は冷静に受け止める

図表5：「したい」と「ねばならない」

どちらも一長一短ありますので、両方のアプローチを併用することができれば理想的です。

（4）あるべき姿が与えられている場合

たとえば、営業担当者が数値目標として「売上100万円」といった数字を与えられているケースもあるでしょう。

その場合は「売上100万円」があるべき姿となりますが、一歩進めて

「そもそも何のためにやっているのか？」

「そもそも何を目指しているのか？」

「そもそも何を求められているのか？」

を意識した方がよいでしょう。

　たとえば、実は上司が本当に求めているのは30万円の粗利で、粗利率をおおよそ30％と見積もった結果として100万円という売上目標が設定されていたとします。

　その場合は、売上が100万円で粗利20万円の案件Aと、売上は90万円でも粗利30万円の案件Bのどちらかしか選べなかったとしたら、「売上100万円」という表面的な目標にとらわれず、案件Bを選択すべきです（もちろん、上司にはきちんと話を通した上で）。

　このように、あるべき姿が与えられている場合でもそこで思考を止めず、大きな枠でとらえることを意識することが大切です。

3．現状からのアプローチ

（1）現状からあるべき姿を明確にする

　問題を「あるべき姿と現状とのギャップ」と定義していますが、明示的にあるべき姿と比較しなくても問題と判断できるものはあります。

　たとえば

「先月に比べて不良の発生件数が増えている」

と聞けば、それは問題であると判断して間違いないでしょう。

　厳密には、たとえばその増加が予定通りのものなのか確認し、先月の不良発生件数をあるべき姿と仮定して、今月の不良発生件数がどれくらい増えているか比較するというプロセスを経ることになるのですが、そこまで生真面目にやる必要はありません。

　このように、目の前の問題から本質的な問題を解き明かすアプローチをご紹介します。

（2）問題をリストアップする

　最初にやるべきことは、現状の問題をリストアップすることです。

　後に「整理する」というプロセスがあるので、大きめの付箋に書いていくことをお勧めします。もちろん物理的に付箋を用意するのではなく、パソコンを使っていただいても構いません。

リストアップする際は直感的に理解しやすいように

「不良発生件数」

というように単語だけを記すのではなく

「不良発生件数が増えている」

というように、文章で記載していくことをお勧めします。

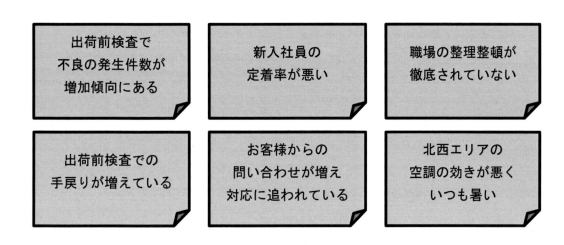

出荷前検査で不良の発生件数が増加傾向にある	新入社員の定着率が悪い	職場の整理整頓が徹底されていない
出荷前検査での手戻りが増えている	お客様からの問い合わせが増え対応に追われている	北西エリアの空調の効きが悪くいつも暑い

図表6：問題をリストアップする

注意すべきは、この段階では問題を絞り込まないということです。

「出荷前検査で不良発生件数が増加傾向にある」
「出荷前検査での手戻りが増えている」

というのは事実上同じものですが、この時点では重複しても構いません。

また、「空調の効きが悪い」は問題と呼ぶには些細なものに見えますが、もしかしたら暑さで作業者の集中力が低下したことが、不良の増加につながっているかもしれません。

この段階ではとにかく数を出すことが大切です。重複や中身は気にせず、とにかく思いつく限りの問題をリストアップします。

（3）重複する問題をまとめる

問題のリストアップが終わったら、それらを整理して絞り込んでいきます。

まず、先ほどリストアップしたものの中から重複するものをまとめて整理します。

　この際、付箋を貼り替えたり、似たものを丸で囲ったりして視覚的に分かるようにすることがポイントです。

<table>
<tr><td>出荷前検査で
不良の発生件数が
増加傾向にある</td><td>出荷前検査での
手戻りが増えている</td></tr>
</table>

図表7：重複する問題

　この2件については先述の通り同じ現象が別の言い方になっているだけなので、まとめてしまって構わないでしょう。

　ただし、問題の内容が
「お客様からの不良のクレームが増えている」
であるとしたら、別の問題と判断しなければなりません。

　出荷前検査で不良の発見件数が増えているのは不良品を作ってしまった製造工程の問題ですが、お客様の手元に不良品が出荷されてしまっているのであれば、不良品を検知できなかった検査工程にも問題があると考えられるからです。

　この段階で重複すると判断したものでも、後ほど別の問題であると判明する可能性があります。ゆえに問題を記載した付箋は「まとめる」のであって、破棄はしません。

（4）関係性を整理する
　重複を排除したら、問題同士の関係性を整理します。

　その際に意識するのは、それぞれの問題がどのような因果関係で繋がっているかという点です。たとえば「出荷前検査で不良の発生件数が増加傾向にある」と「新入社員の定着率が悪い」の関係を考えると

1. 何らかの理由で不良の発生が増えて仕事が忙しくなったことが原因で負担が増えてしまい、新入社員が辞めて定着率が悪くなっている。
2. 何らかの理由で新入社員の定着率が悪いため、いつまで経っても技術者が育たず不良の発生件数が増えている

という二種類の因果関係（原因と結果の関係）を推測することができます。

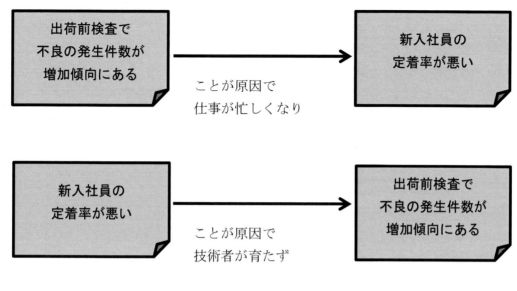

図表 8：因果関係

あるいは「出荷前検査で不良の発生件数が増加傾向にある」と「新入社員の定着率が悪い」には共通する原因がある可能性も考えられます。たとえば、教育制度が整っていなければ、技術者が育たず不良が増え、また新入社員の不満に気付くことができず離職に繋がることが考えられます。

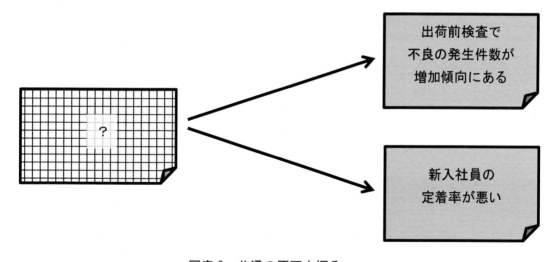

図表 9：共通の原因を探る

「出荷前検査で不良の発生件数が増加傾向にある」と「新入社員の定着率が悪い」の関係性について考えられる 3 つのパターンを挙げましたが、可能性としてはどれもあり得るものです。
論理的にありえるかどうか、そして何よりも現場を確認することで、どれがより実態に近い

ものかを検証します。

　最終的には以下の点を意識して、図表 10 のように問題の因果関係を整理します。

- 必要に応じて付箋を追加する
- 関係性については補足を追記する
- 因果関係がはっきりしないけれど関連性がありそうなものについては点線で繋ぐ（仮という意味合いで)

　また、すべての問題が因果関係で繋がっているとは限りませんので、矢印で結ばれない問題があっても構いません。

　このような図を描いて、目の前の問題がどのように関係しているか、どこを解決すれば問題全体の解決に繋がるかを明らかにします。

　この例の場合は

　「長時間労働をどうやって解消するか」

　が、発生している様々な問題の根本にあることが分かります。

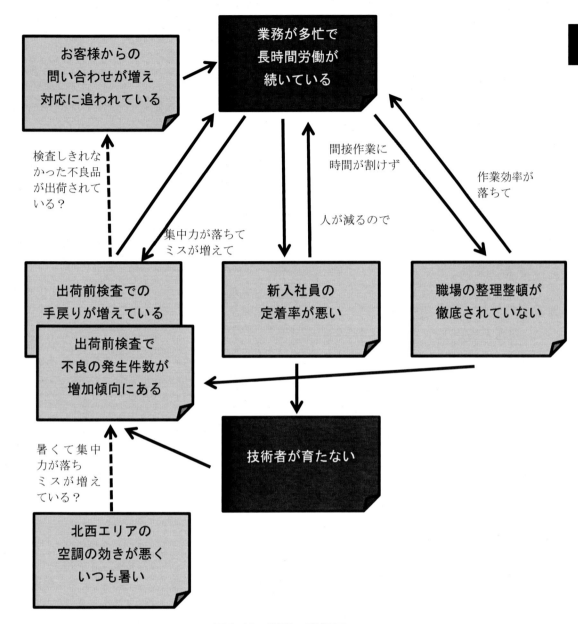

図表10：問題の関係図

第3章 課題を特定する

1．課題を特定する

（1）課題とは

　本書では、問題とは「現状とあるべき姿のギャップ」であり、課題とは「問題を分析し、解決策を考えられるレベルまで具体化したもの」であると定義しました。

　一つの問題に対しては、一つ以上の課題があります。
　問題と同様、課題も解決するためにはまず課題を見つけ出さなければなりません。

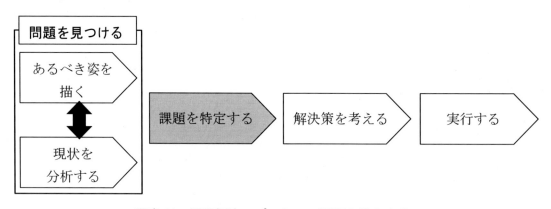

図表 11：問題解決のプロセス　課題を特定する

　本章では架空の飲料メーカーを例に、課題特定のプロセスをご説明します。
　その会社の営業1課は飲食店向けにアルコールおよびソフトドリンクを販売しており、
　「年間売上目標は、月 1,000 万円ペースで 1 億 2 千万円。しかし今期は半年経過した時点で 4,000 万円の売上しか立っていない」
　という状態になっていたとします。

　単純に計算すると、このまま何も手を打たなければ期末の売上高は 8,000 万円、目標は未達成になってしまいます。

　ここではシンプルに
　「営業1課がここまでの遅れを取り戻し、年間売上目標を達成するにはどうすればよいか？」

を取り組むべき問題と定義します。

では、この問題を解決するための課題は何でしょうか?

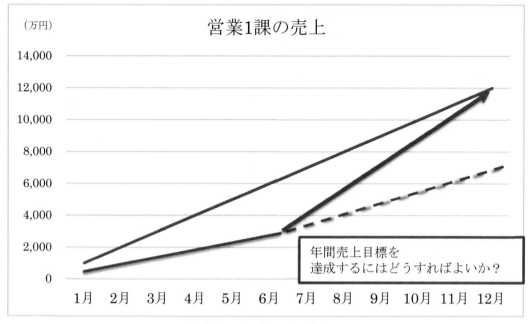

図表 12：営業 1 課の売上

（2）いきなり解決策を考えない

ここで注意すべきは、いきなり解決策を考えないということです。

「売上が目標に届いていない」

と言われると、どうしても

「客先を訪問する件数を増やす」

「研修を実施し、営業スキルを磨いて成約率を上げる」

「まとめ買いしてくれた顧客には値引きをする」

など、具体的な打ち手を考えがちです。

しかし、売上が振るわない原因が

「十分な数の客先を訪問できているが、営業スタッフの対応が拙いので成約に結びつかない」

というものであれば、訪問件数を増やしても問題の解決には繋がりません。

もちろん訪問件数が増えれば成約件数は増えますが、費用対効果を考えれば営業スタッフの能力向上に力を入れるべきでしょう。

私たちが使うことができる資源（時間やお金）は有限です。限られた資源を有効活用するた

めには、しっかりと原因を見極め、最も効果の高い解決策を採用すべきです。

　そのために、まずは何が課題なのかを特定する必要があります。

（3）課題を特定するためのプロセス

　課題を特定するためには

1.　問題の原因がどこにあるのかを特定する
2.　なぜそこで問題が起きているのかを特定する
3.　上記を踏まえて取り組むべき課題を特定する

　という順番で考えていきます。

２．問題の原因はどこにあるのか？

（1）分けると分かる

　課題を解決するために最初にやるべきことは、問題を「分ける」ことで原因がどこにあるかを特定することです。

　分ける際の切り口にはいくつかのパターンがあります。

切り口	具体例
顧客	個人顧客の場合は年齢、性別、職業、趣味趣向、経済状態、家庭環境など 法人顧客の場合は業種、業態、規模など
商品	商品、メニュー、サイズ、色、用途、価格帯など
場所	住所（所在地）、交通アクセス、周辺環境など
時間	季節、月、曜日、時間帯など
要素	売上＝単価×数量　など
プロセス	電話→訪問アポ→訪問→成約　など
フレームワーク	PEST、5F、3C、4Pなど

図表 13：様々な切り口

　先ほどの営業 1 課を例に、いくつか具体的な切り口を考えてみましょう。

　営業 1 課がまず明らかにすべきは

　「なぜ売上が目標を下回っているのか？」

　という問いに対する答えです。

（2）問いの形にすると考えやすい

切り口を考える際は、この先

「何を考えればよいか」

を明らかにするためにも、問いの形で表現することをお勧めします。

たとえば、商品という切り口で見ていく場合は

「ビール類の売上が落ちているのではないか？」

「リキュール類の売上が落ちているのではないか？」

「日本酒の売上が落ちているのではないか？」

「ソフトドリンクの売上が落ちているのではないか？」

というように

「なぜ売上が目標を下回っているのか？」

というそもそもの問いに答えられる形にします。

具体的には以下のような切り口が考えられます。

顧客別（業種・業態）

| チェーン居酒屋の売上が落ちているのではないか？ |
| 個人経営の居酒屋の売上が落ちているのではないか？ |
| バーの売上が落ちているのではないか？ |
| カフェの売上が落ちているのではないか？ |

顧客別（規模別）

| 席数 10 席未満の店の売上が落ちているのではないか？ |
| 席数 11〜30 の店の売上が落ちているのではないか？ |
| 席数 31〜50 の店の売上が落ちているのではないか？ |
| 席数 51 席以上の店の売上が落ちているのではないか？ |

商品別

| ビールの売上が落ちているのではないか？ |
| 日本酒の売上が落ちているのではないか？ |
| リキュール類の売上が落ちているのではないか？ |
| ソフトドリンクの売上が落ちているのではないか？ |

地域別

| 駅前エリアの売上が落ちているのではないか？ |
| 繁華街エリアの売上が落ちているのではないか？ |
| 郊外エリアの売上が落ちているのではないか？ |

図表 14：切り口の具体例

　切り口を決めたら実際の売上データを精査し、売上の減少がどこで起きているかを明らかにしていきます。

（3）分ける際の注意

　分ける目的は、問題の原因がどこにあるかを知ることです。

　上述の通り、分け方はいくつもありますが、問題の原因がどこにあるかを特定できない分け方には意味がありません。

　たとえば、飲食店であれば時間帯という切り口を用い、特定の時間帯に売上低下の原因が潜んでいないかを考えることは有効です。

　しかし、法人営業であれば、成約した時間帯という切り口はあまり有効ではないでしょう。

　また、個人顧客を性別と年齢で分けるのはよくある切り口ですが、この先の原因と解決策を考えるに際しては注意が必要です。

　たとえば性別と年齢という切り口で分けた結果
　「20代女性向けの売上が減っている」
　ということが分かったとします。

　その先は原因の究明と解決策を考えることになるのですが
　・20歳の大学生
　・25歳の会社員
　・29歳の専業主婦

　彼女たちはすべて「20代女性」ですが、生活スタイルがまったく違うことは明白です。状況にもよりますが、彼女たち全員に有効な解決策を考えるのはなかなか難しいでしょう。

　こうした場合は、性別はそのままでよいとしても、年齢ではなく職業（学生・会社員・専業主婦など）で分けたほうが意味のある結果が得られそうです。

　切り口を考える際には分かりやすさではなく、何を知りたいのかを常に意識しておく必要があります。

年齢で分ける

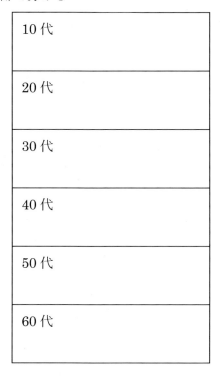

職業で分ける

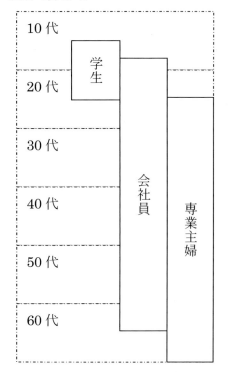

図表 15：適切な切り口

（4）それだけ？　他には？

　営業 1 課の売上を地域別に分けたところ、他はほぼ目標を達成できているのに、繁華街エリアだけが売上目標を大きく下回っていることが分かったとします。

　問題が起きている箇所はこれで特定できたと考えてよいでしょうか？

　常に意識していただきたいのは

　「それだけ？　他には？」

　という問いかけです。

　つまり、一つの切り口で問題が起きている箇所が見つかっても、他の切り口でも一通り調べてみるべきです。今回の例でいえば、商品別や顧客の属性別など、可能性のある切り口については一通り調べてみたほうがよいでしょう。

　また、繁華街エリアにおいて売上が落ち込んでいるのだとしたら、その中でさらに商品別、顧客の属性別に切り分けて詳細な原因を追究することも有効です。

　最終的に
　　「繁華街エリアにおいて、ビールの売上が落ち込んでいる」
　のように、より詳細な原因にたどり着ければ、この後の「問題の原因は何なのか」の特定が
しやすくなります。

（５）完璧を求め過ぎない
　矛盾するようですが、この時意識すべき大切なことは
　　「この時点で完璧を求め過ぎない」
　ということです。

　思い付きで突き進むのは良くありませんが、現時点でベストと思えるところまで問題箇所
を特定できたならば、思考を前に進めるべきです。

　この先で問題箇所の絞り込みが不十分であることに気付いたときは、戻ってきて修正すれ
ばよいのです。
　「どこで問題が起きているか」と「なぜ問題が起きているか」を繰り返し思考することで、
その精度を高めていくことができるのです。

　完璧を目指して足踏みするよりも、抜け漏れがないかが確認できたら先に進みましょう。

３．問題の原因は何なのか？

（１）なぜ問題が起きているか
　「どこで問題が起きているか」が特定できたら、いよいよ次は
　　「なぜそこで問題が起きているのか」
　という原因を明らかにしていきます。

　再び営業１課に登場していただきましょう。

　　「繁華街エリアにおいて、ビールの売上が落ち込んでいる」
　という「どこで問題が起きているか」を特定できたら、「なぜそこで売上が落ちているか」
を調べる必要があります。

　その際に重要なポイントは
　　「仮説を立てる」
　ということです。

（2）なぜ仮説を立てるのか

ここまでで明らかにした

「繁華街エリアにおいて、ビールの売上が落ち込んでいる」

というのは、単なる事実です。

人はただ事実だけを見せられても「だから何？」となってしまい、原因を探るために何をすればよいかが分かりません。

それよりも

「繁華街エリアでこれまでビールを注文していた客が、店を訪れなくなったのだろう」

のように、仮説を立てることができれば

「ビールを注文していた客とはどんな人たちだろう？」
「なぜ彼らは店を訪れなくなったのだろう？」
「なぜ繁華街エリアでだけそれが起きたのだろう？」

のように、具体的に原因を掘り下げる思考が可能になり、さらには

「繁華街エリアを訪れる客の動向を調査しよう」

のように、次にすべきこと、調査すべきポイントが明確になります。

仮説を立てることによって「だから何？」で思考停止することなく、先に進むことができるようになるのです。

（3）仮説を立てる

仮説は情報が不十分な中で立てることになるため、どうしても直感や思い付きといった不確定要素が含まれます。

完全な直感、思い付きで突き進んでしまうと、ただの行き当たりばったりになってしまうので、考えうる限りの可能性を洗い出す必要があります。

そのためのキーワードは「広げる」と「深める」です。

先ほどは

「繁華街エリアにおいて、ビールの売上が落ち込んでいる」

という事実に対して

「繁華街エリアでこれまでビールを注文していた客が、店を訪れなくなったのだろう」

という仮説を立てました。

　ビールを注文していた客が店に訪れなくなったのだとしたら、ビールの売上が落ち込むのは必然です。

　しかし、原因として考えられるのはそれだけでしょうか？

（4）広げる（それだけ？　他には？）

　そこで有効になる問いかけが、問題がどこで起きているかを考えるときにも使った
　「それだけ？　他には？」
　です。

　ビールの売上が落ち込む原因は、それを注文する客が店を訪れなくなった以外にありえないでしょうか？
　もちろんそんなことはありません。

　「これまでビールを注文していた客が、ビール以外を注文するようになったのだろう」
　「客はこれまで通りビールを注文しているが、飲食店が別の会社からビールを仕入れるようになったのだろう」
　「ビールの注文数自体は減っていないが、値下げ要請を受けて単価が下がり、売上が落ち込んだのだろう」

　など、仮説は他にも考えられます。

　直感、思い付きから抜け出すための第一歩は、まず考えうる限りの可能性を洗い出すことです。

（5）広げるためのテクニック

　可能性を洗い出す際に有効なのは、要素に分解するという考え方です。

　たとえば、利益は以下の式で表すことができます。

$$利益　＝　売上　－　費用$$

　さらに、売上と費用はそれぞれ

$$売上　＝　客数　×　客単価$$

$$費用　＝　固定費　＋　変動費$$

と表すことができますし、さらに客数に注目すると

客数 ＝ 新規顧客 ＋ リピーター

というように分解することができます。
当たり前のことですが、これを常に意識しておかないと
「利益を増やすにはどうしたらよいか？」
という問題を、無意識のうちに
「売上を増やすにはどうしたらよいか？」
「新規顧客を獲得するにはどうしたらよいか？」
に変換して捉えてしまいがちです。

　どのような要素に分解するのが最適なのかは状況次第ですが、ここでも「分けて考える」ことが大切です。

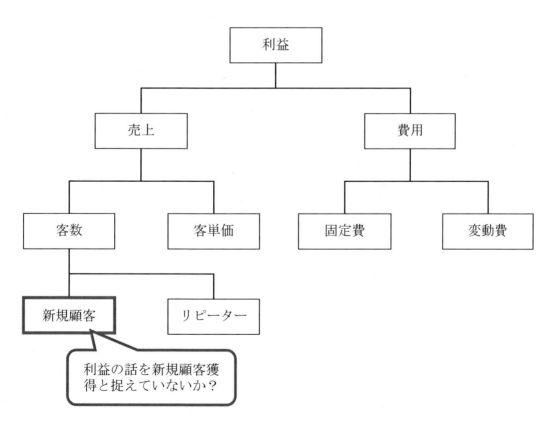

図表 16：要素分解の例

（6）深める（具体的には？　なぜそうなっている？）

　十分に広げることができたら、次は仮説を深めていきます。つまり

「繁華街エリアでこれまでビールを注文していた客が、店を訪れなくなったのだろう」

この仮説をより具体的な、検証可能なものにしていくことです。

「店を訪れなくなったのは、具体的にどんな人たちか」
「なぜ客足が遠のいてしまったのか」

と問いかけることで、仮説の精度を高めていきます。

　繁華街でビールをよく注文する人はどんな人なのか。
　考えられる人物像の一つとしては、30代後半から50代までの男性会社員が挙げられます。

　では、彼らが飲食店を訪れなくなる理由は、どんなものが考えられるでしょうか？

　たとえば、
　何らかの理由でこの世代の可処分所得が減少して、外食する機会が減ったという可能性が考えられます。
　あるいは、会社の同僚とお酒を飲みに行くことが少なくなった可能性も考えられます。

　上記を踏まえて、最初の仮説を

「繁華街エリアでこれまでビールを注文していた客が30代後半から50代までの男性会社員が、可処分所得の減少または会社の同僚とお酒を飲みに行く機会が減ったことで、飲食店を訪れる頻度が下がったのだろう」

というように、より具体的なものにしていきます。

　ここまで具体的になれば、この仮説が正しいものであるかを検証するためにどんな情報を集めればよいかが分かります。たとえば

　・繁華街エリアを訪れている客層とその推移
　・30代後半から50代までの男性会社員の可処分所得の推移
　・会社員のライフスタイルの変化（同僚とお酒を飲みに行く機会は減っているのか？）

などです。

（7）仮説を検証する

　仮説を十分に広げ、十分に深めることができたなら、いよいよその仮説を検証していきます。

　とはいえ、すべての仮説を同時に検証することは、通常難しいでしょう。

　最初にすべきことは、どの順番で仮説を検証していくか、優先順位をつけることです。

　その際は
　・仮説の確からしさ（的を外していそうな仮説の検証は後回しにしてよいでしょう）
　・検証の難易度（検証に手間やコストがどれくらいかかるか）
　・解決した場合のインパクト

　そして何よりも
　・問題解決に繋がるかどうか
　を判断軸として仮説を検証していきます。

　「繁華街エリアでこれまでビールを注文していた客が 30 代後半から 50 代までの男性会社員が、可処分所得の減少または会社の同僚とお酒を飲みに行く機会が減ったことで、飲食店を訪れる頻度が下がったのだろう」

　たとえばこちらの仮説ですが、検証するためにはまず繁華街エリアを訪れている客層とその推移を調査します。

　その結果、30 代後半から 50 代までの男性会社員の客足が減っていないことが分かれば、この仮説は否定されます。

　しかし、調査の過程で彼らは変わらず繁華街を訪れて、変わらずビールを飲んでいることが確認できたとしたら

　「ビールの需要そのものは減っていないが、競合に顧客を奪われてしまっているのだろう」

　という、別の仮説の信憑性が増すことになります。

　そして再び「広げる」「深める」「検証する」のサイクルを回して、仮説の精度を高めていくのです。

（8）根拠を持った仮説

　仮説の精度を高めるということは、根拠によって仮説を裏付けるということです。

「競合にビールの需要を奪われてしまっているのだろう」
という仮説は、ただの推測に過ぎません。

しかし、何らかのデータでそれを裏付けることができれば、根拠に基づいたより確からしい仮説であるということができます。
データは、一次データと二次データに大別することができます。

■一次データ

一次データとは、調査目的を達成するために自分自身で集めたデータを指します。
具体的にはアンケートやインタビュー結果、実験や現場での観察結果などが含まれます。

仮説を検証するために必要なデータを、必要な形で手に入れることができる一方、収集するのに手間や時間がかかるというデメリットもあります。

■二次データ

二次データとは、その調査の目的のために収集されたものではなく、既に存在するデータのことです。
具体的には官公庁や調査会社による統計データや、研究データなどが挙げられます。
また、自社で蓄積している販売や製造の実績データなども二次データに分類されます。

二次データの最大のメリットは、データを収集するための手間や時間を省くことができるということです。一方、必ずしも調査目的に最適なデータが手に入るとは限らない点がデメリットとして挙げられます。

実務的には、まず検証に使える二次データがないかを探して、見つからない場合は一次データの収集を検討するという順番になります。

一次データ	二次データ
自分で収集する	既に収集されている
最適なデータが手に入る	最適なデータが手に入るとは限らない
手間や時間がかかる	手間や時間はかからない
アンケート、インタビューなど	統計データ、研究結果など

図表17：一次データと二次データ

（9）フェルミ推定

　仮説を検証するために必要なデータが手に入らない場合もあります。

　そのような時に役立つのが、フェルミ推定という考え方です。

　これは実際に手に入れることが難しい数字を、いくつかの手がかりをもとに論理的に推測するというものです。

　たとえば、繁華街エリアにおける自社のビールのシェアを知りたければ、分母である

「繁華街エリアで一か月に消費されるビールの量」

というデータが必要ですが、おそらくそのようなデータは存在しません。そんな時は

・繁華街エリアの飲食店の数（口コミサイトなどを見れば概数は分かる）

・平均席数（口コミサイトでランダムにピックアップして平均を求める）

・平均回転率（一週間の平均で、1日1回転と仮定）

・顧客一人当たりの1か月間の平均ビール消費量

　　（キリンホールディングスの調査によれば、2018年の日本人の一人当たりビール消費量
　　は40.2リットルなので、12で割って月に3.35リットル。半分は家飲みと仮定すると、
　　飲食店での消費量は1.675リットル）

　上記を掛け合わせれば、概算値を算出することが可能です。

　各要素には推測や仮定が混じっているため、必ずしも正解に近い数字になるとは限りません。しかし、まったくの当てずっぽうよりははるかに精度の高い結果が得られるはずです。

4．課題を特定する

（1）課題を特定する

　ここまで

・広げる（どこで問題が起きているのか）

・深める（なぜそこで問題が起きているのか）

・検証する

というプロセスをご紹介してきました。

　お気付きの方もいらっしゃるとは思いますが、これらは決して一方通行だったり、プロセス間の境目がはっきりしていたりするものではありません。

　広げながら深めることもありますし、深めたり検証したりする過程で広げる余地に気が付くこともあります。

　結果的に広がり、深まり、検証できればよいことなので、線引きを厳密にする必要はありません。各プロセスを行き来することで仮説の精度を高め、課題を特定するのです。

　営業1課の例でいえば
「ビールの需要そのものは30代後半から50代までの男性会社員を中心に依然として根強いが、繁華街に新たに酒類のチェーンストアが進出してきたため、飲食店はそこでビールを購入するようになっている」
というように、問題の原因を特定します。

　では、特定できた問題の原因。これが今回取り組むべき課題になるのでしょうか？

　基本的にはYESです。
　しかし常にYESとは限りません。

（2）問題の原因を潰すことが課題になるとは限らない
　そもそも今回解決すべき問題は
「営業1課がここまでの遅れを取り戻し、年間売上目標を達成するにはどうすればよいか？」
でした。

　その原因は
「ビールの需要そのものは30代後半から50代までの男性会社員を中心に依然として根強いが、繁華街に新たに酒類のチェーンストアが進出してきたため、飲食店はそこでビールを購入するようになっている」
ですが、必ずしもこの原因を解消することが課題になるわけではありません。

　全体の売上を回復できるのであれば、繁華街エリアにおけるビールの売上にこだわる必要はありません。他のエリアで、他の商品で売上を増やすことができれば、問題は解決するからです。

　問題を解決するにあたってその原因を明らかにすることは大切ですし、多くの場合は原因を解消することが最善の方策になります。
　しかし、場合によっては原因を解消するのではなく、別の方法で解決を図る方が有効なこともあります。

　解決すべき問題が何なのかを常に念頭に置いて、あらゆる選択肢を検討することが大切で

す。

５．問題の捉え方と課題・解決策の幅

　ここまで、問題を見つけ、課題を特定するプロセスを見てきました。

　問題を分析し、具体化することで課題を特定していく以上、出発点となる
　「何を問題と認識するか」
　はとても重要です。

　たとえば、飲食店でお客様から「ランチタイムの料理の提供が遅い」というクレームがたびたび入っているとします。
　このとき、問題を
　「料理の提供スピードを上げるにはどうすればよいか」
　とするか
　「オーダーから料理提供までの不満をなくすにはどうすればよいか」
　とするかで、課題とその先の解決策は大きく変わってきます。

　問題を
　「料理の提供スピードを上げるにはどうすればよいか」
　と捉えた場合、それは既に十分に具体性を持っているため、問題＝課題と考えてもよいでしょう。
　解決策は作業手順を見直す、料理を作り置きする、まとめて作れるようにメニューを減らす、最新の調理器具を導入するなど、調理時間の短縮を目的としたものに絞られるはずです。

　しかし問題を
　「オーダーから料理提供までの不満をなくすにはどうすればよいか」
　と捉えたならば、課題として
　「料理の提供スピードを上げるにはどうすればよいか」
　が挙がるのは当然として、それ以外にも
　「お待たせしても不満を持たれないようにするにはどうすればよいか」
　「お待ちいただく時間そのものを短くするにはどうすればよいか」
　が課題として考えられます。その結果

　「ドリンクバーやサラダバーを設置する」
　「自由に読める漫画や雑誌を置く」

「11 時 30 分までに入店したお客様には割引をする」
など、より幅広い解決策を出すことが可能になります。

この例からも分かるように
「何を問題だと捉えるか」
は、問題を解決するために最も大切と言っても過言ではありません。

現状や目の前に出てきた問題にとらわれるのではなく
「そもそも何のためにやっているのか？」
「そもそも何を目指しているのか？」
「そもそも何を求められているのか？」
といった問いかけをすることが大切です。

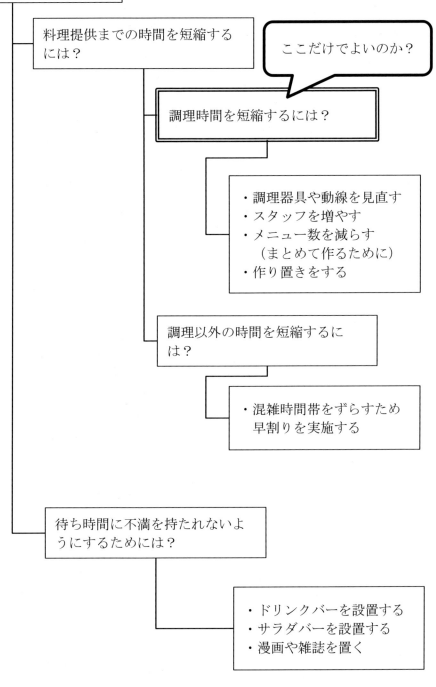

図表 18：問題の捉え方

第4章 解決策を考える

1.「ベストな解決策」より「確実に実行できる」が重要

ここまでで、問題を見つけ、その問題を解決するための課題を特定してきました。

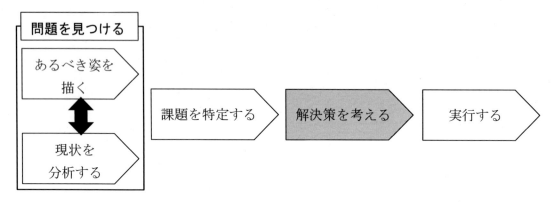

図表 19：問題解決のプロセス　解決策を考える

これから解決策を考えるにあたり、忘れてはならないことがあります。

重要なのは**「問題を確実に解決すること」**だということです。

どんなに画期的で素晴らしい解決策を見出しても、実行して問題を解決できなければ、絵に描いた餅になってしまいます。
大切なのはベストな解決策を考え抜くことではなく、たとえベターな解決策でも、実現可能性が高く、決められた期日までに確実に達成することです。

「ベターな解決策」は、決して解決策の考案を軽視するということではありません。

問題解決は「思案」と「実行」が両輪の関係であり、両方が大切であるということです。
「解決策を考える」ときは「解決策を実行」するときのリスクや労力を合わせて考慮することが重要です。

解決策を考えるプロセスは次の通りです。

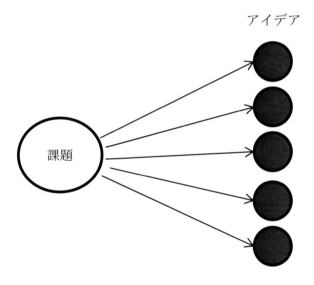

| アイデアを発散させる | アイデアを収束させる | 解決策を評価する | 解決策を検証する |

図表 20：解決策を考えるプロセス

2．自由な発想でアイデアを出す

（1）広げて、まとめる

アイデアを出す際には「広げる」「まとめる」の流れが重要です。

まず「広げる」の段階では、課題を解決するために考えられるアイデアを思いつく限り挙げていきます。

アイデア

課題　　　　　　　　　　　　　解決策

図表 21：発散させる

ここで重視するのは質より量です。

「質の高いアイデアを」と意気込んでしまうと、常識的なものに留まってしまう恐れがあります。常識的なアイデアを出し尽くして、まだ他にないかと考えた先に、既成概念にとらわれない画期的なアイデアが眠っているかもしれません。

以下、アイデアを発散させるにあたって便利なフレームワークをご紹介します。

（2）ブレインストーミング

　ブレインストーミングは、複数人でできるだけたくさんのアイデアを出し合うことによって、一人で考えるよりも画期的なアイデアを生み出そうという、いわば「三人よれば文殊の知恵」という考え方のアイデア発想法です。

　複数人で集まり、以下のルールを順守しながら思いつく限りのアイデアを出していきます。

・**アイデアは全て紙に書く**
　　紙に書いて一覧できる状態にしておくことによって、その後のコンセプトに繋げやすくなったり、他の人がそのアイデアの上にアイデアを重ねやすくなったりします。

・**他人の発言を否定しない**
　　「そのアイデアは技術的に不可能だ」というように否定することは禁止されています。「技術的に不可能な場合、どう対応するか」のように可能性を広げる意見は OK です。

・**奇抜、斬新、自由な発言を歓迎する**
　　常識や既成概念にとらわれないアイデアを求めている以上、当然のことです。

・**質よりも量を重視する**
　　先述の通り、常識的なアイデアを出し尽くした先にこそ、画期的なアイデアが期待できます。

・**他人のアイデアに便乗する**
　　他人のアイデアが呼び水となって、新しいアイデアが生まれることを期待します。また、他人のアイデアをくっつけたり、一部を改変したりすることは推奨されています。

（3）オズボーンのチェックリスト

　オズボーンのチェックリストとは、アイデアを多角的に考えるためのチェックリストです。ひとつひとつチェックをしながら、新しいアイデアを考えていきます。

・転用	他の使い道はないか？　新しい使い道はないか？
・応用	真似できるアイデアはないか？
・変更	見た目、形、色、意味合いなどを変えられるか？
・拡大	より大きく、強く、高く、長く、速くできないか？
・縮小	より小さく、弱く、低く、短く、遅くできないか？
・代用	今あるものを別の人、物、方法、素材、場所で代用できないか？

・置換	要素、順番、パターンを入れ替えられないか？
・逆転	前後、上下、順番、役割などを入れ替えられないか？
・結合	組み合わせたり混ぜたりできないか？

3．アイデアを収束させる

（1）発散したアイデアをまとめる

十分にアイデアを発散させたら、次はそれらを収束させていきます。

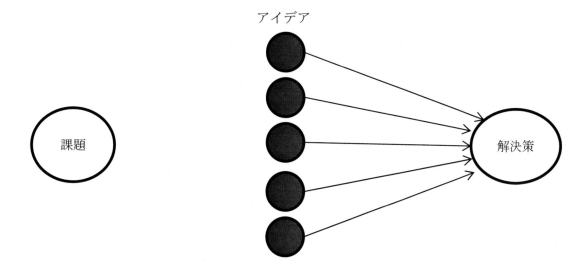

図表 22：収束させる

広げたアイデアの中から要点を抽出し、取捨選択し、課題の解決策を絞り込んでいきます。

なお、発散と収束は一度で終わらせる必要はありません。

一度発散して収束させた後、収束したアイデアをさらに発散し、収束するといったように、繰り返すことで質を高めていきます。

（2）アイデアをグルーピングする

似たようなアイデアをグループにまとめることで、整理するだけでなく考え漏れがないかをチェックすることができます。

たとえば、ある課題についてアイデアをまとめた結果

・**設計に関するグループ**

・**製造に関するグループ**

・販売に関するグループ

というグループができたとします。

　もし、この中で一つだけ極端にアイデアの数が少ないグループがあれば、十分にアイデアが出ていない可能性があります。

　また、業務プロセスごとのグループ分けになっているので、ここに記載のない業務プロセス、たとえば

・保守管理に関するグループ

・カスタマーサポートに関するグループ

に属するアイデアが抜け落ちている可能性があることが分かります。

　このように抜け漏れがある可能性に気付いたら、そこを意識しながら再度アイデアを発散させていきます。

（3）問題解決ツリー

　問題解決ツリーは問題をツリー状に分解・整理するロジックツリーの一種で、課題に対する解決策を挙げていくものです。

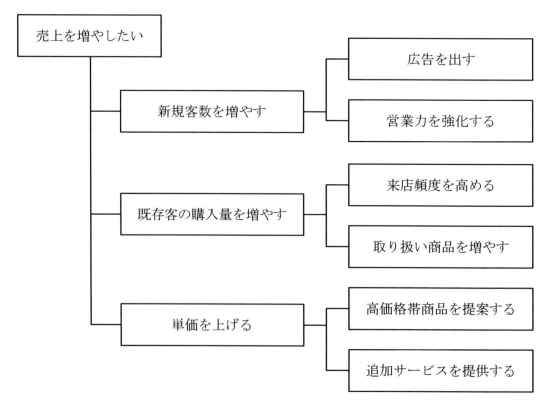

図表23：問題解決ツリー

発散によって出てきたアイデアを問題解決ツリーに当てはめながら、空きがあれば順次埋めていきます。また、発散の段階でロジックツリーを使いながらアイデアを出していくという使い方も可能です。

　その性質上、右にいくほど具体性が高く、実際の行動に近づきます。

４．評価する

（１）解決策を評価する
　発散、収束を繰り返すことによって、通常は複数の解決策が導き出されます。
　仮に一つしか解決策が出ないとしたら、発散が不十分である可能性を考慮すべきです。

　複数の解決策が出たとしても、その全てを実行に移すわけにはいきません。そこで、解決策を評価することによって実行すべきものを絞り込んでいきます。

（２）評価する際のポイント
　どんな観点で評価するかは問題、課題、解決策によって様々ですが、ここでは解決策を評価する際に押さえておきたいポイントをいくつかご紹介します。

・課題解決への寄与度合い
　一つの解決策で課題を100％解決できればベストですが、そうでない場合はそれぞれの解決策が課題のどの部分を、どれくらいの度合いで解決するかを評価します。

・デメリット
　解決策を考えていると、つい良い点にばかり目が行きがちですが、その解決策を実行するにあたっての危険性、失う恐れのあるもの、できなくなること等、リスクについても考慮しておく必要があります。
　特に別の場所、別の工程、別の時間軸で問題が生じる可能性がないか、様々な角度から検討しましょう。

・実現可能性と費用対効果
　どんなに素晴らしい効果が期待できても、実現できない解決策では意味がありません。
　実現性の高さを説明するのに最も効果的な方法のひとつは、数字を使って説明することです。
　期待できる効果と、費用（必要な時間、費用、人員、設備など）、リスクを数字に落とし込み、費用対効果や実現可能性を評価します。

・外部の視点を意識する

　問題解決を一人で進めている場合でも、チームで進めている場合でも、忘れてしまいがちなのが外部の視点です。

　自分あるいは自分たちが良いと思ったものでも、それは顧客から見て本当に価値のあるものなのか。利害関係者（上司や実際に手を動かすメンバー、関係する別の部署の人たち）はどのように判断するのか。

　主観や思い込みを排して、冷静に評価する必要があります。

・その場しのぎになっていないか

　時間と労力を費やす以上、その場しのぎではなく長期にわたって継続的な効果が期待できる解決策を採用すべきです。

　属人的にならないようにする、属人的にならざるを得ない場合はその知見が継承されるように仕組みを作るなど、長期的な視点が必要です。

（3）評価する要素を決める

　上記のようなポイントに留意しつつ、どのようなポイントを評価要素とするかを決めていきます。客観性を維持するために、それぞれの解決策に対して最終的な評価をする前に要素を洗い出しておくことが重要です。

　要素を洗い出したら、それぞれについて採点をしていきます。あまり細かく刻んでもかえって分かりづらくなってしまいますので、満点は3点から10点を目安にするとよいでしょう。

	売上アップ効果	費用	実現可能性	合計
A案	5	1	2	8
B案	3	2	3	8
C案	1	5	5	11

図表24：評価表

　また、抽象度の高い要素を評価項目にする際は、より具体的な要素に置き換えると分かりやすくなります。

　たとえば、カスタマーサービスにおける「顧客満足度向上」であれば、「問題解決までにかかる時間の短縮」「お客様アンケートの評価の向上」といった要素に置き換えます。

　一つだけで表現できない場合は、複数の要素に分解するのも一案です。

　ただし、あまりに要素が多くなりすぎると、かえって分かりづらくなったり、最終的な合計

点に差がつかなくなったりしますので、バランスに注意する必要があります。

（4）評価する要素の重みづけ
合計点を算出する際は、各要素に重みづけをするのもよいでしょう。具体的には
・重視する要素は n 倍、あまり重要でない要素は 1/n 倍して計算する
・多ければ多いほどよいということではない場合、一定の値以上の要素は n 点に揃える
・いずれかが一定の値以下の場合は、他がどんなに優れていても採用しない
といったものがあります。

	売上アップ効果	費用	実現可能性	合計
A案	5	1	2	8
B案	3	2	3	8
C案	1	5	4	11

・売上アップ効果は重要なので 2 倍で計算する
・費用はある程度許容できるので 4 を上限とする
・実現できなければ意味がないので、実現可能性が 2 以下の案は採用しない

	売上アップ効果	費用	実現可能性	合計
A案	10	1	×	×
B案	6	2	3	11
C案	2	4	4	10

図表 25：重みづけをした評価表

（5）解決策を複数採用する際の注意事項
　最終的に実行する解決策は、必ずしも一つに絞る必要はありません。

　しかし、1＋1 が 2 未満になる、つまりある解決策の効果が別の解決策の効果を打ち消すようなことにならないよう注意する必要があります。
　逆に、1＋1 が 2 以上になる、つまり二つの解決策を同時に実行することで双方の効果がより高まるような場合には、同時採用を前向きに検討すべきでしょう。

　ただし、複数の解決策を同時に実施すると、どの打ち手がどのような効果を発揮したのかが分かりづらくなるというデメリットがあります。
　うまくいったとしても成果が出なかったとしても、その結果に何が寄与したのかを分析し

てノウハウを貯め、次に活かしていくことが重要です。

　時間的な余裕がある場合は、評価の高いものから順に試していき、費用対効果などを分析しておきましょう。

　きわめて緊急度が高い場合、たとえば今すぐ手を打たないと人命にかかわる、会社が倒産するといった場合には、そのような悠長なことを言っている余裕はありません。打てる手はすべて、可能な限り速やかに打つべきです。

5．検証する

　採用した解決策を本格的に実施する前に、課題が解決できること、そして最終的に問題解決に繋がることを確認します。

　どれだけ考え抜いた解決策であっても、本当に効果が出るかは実践してみなければ分かりません。
　時間とお金を使って準備を整えて、いざやってみたらこの解決策はまったく効果がありませんでした……となっては目も当てられません。
　本格的に実施する前に「試しにやってみる」ことが重要です。

　実験、試作、テスト販売など、目的と状況に応じて、解決策の効果を確認します。

　「検証」は「評価」の後に置いていますが、使える時間やお金に余裕がある場合は、先に検証してからその結果を以て評価するのも一案です。

第5章 実行する

1．実行されない解決策に意味はない

前章でも触れたことですが、どんなに素晴らしい解決策であっても実行されない、あるいは最後まで実行できなければ意味がありません。

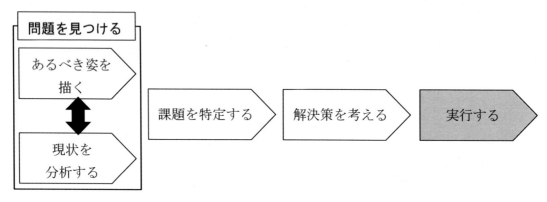

図表 26：問題解決のプロセス　実行する

本章では解決策を実行するにあたって注意すべき点に触れていきます。
実行プロセスの全体像は以下の通りです。

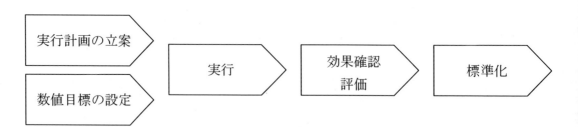

図表 27：実行のプロセス

2．具体的な実行計画の立案

（1）実行計画のポイント

実行計画を立てる際のポイントは、「具体的なアクションプラン」と「段階的な計画」です。

聞く人によって受け取り方が変わってしまう表現を使うと、メンバーによって理解度に差が出てしまいます。抽象的な表現やあいまいな表現は使わずシンプルな表現で具体的に、また時間軸を意識して段階的に考えましょう。

　自身やメンバーが迷わず明確に理解し行動できるように、5W2Hで考え、アクションプラン・方法・手順を立案するのがコツです。
　5W2H は一般的に、Who、When、Where、What、Why、How、How much という順番で並べられますが、この通りにやってもうまくいきません。良い段取りを考えるためには、5W2H を具体化する順番がポイントです。

1. **Why（目的・ねらい）‥‥何のために**
   なぜそれを行うのか？　今から行う仕事の意味や目的を明確にする。

2. **What（課題）‥‥何をどの程度**
   どのような課題があって、何をするのか？　何の依頼なのか？　を明確に。

3. **Where（対象範囲）‥‥どこを対象に**
   どこで行うか？　どこを対象に行うか？　を明確に。

4. **How（実現手段）‥‥どのようにして**
   どうやって行うか？　どのような状態にするか？　を明確に。

5. **When（実現時期）‥‥いつ・いつまでに**
   仕事には期限がある。期間や時間を明確に。

6. **Who（実現体制）‥‥だれが**
   誰が行うのか？　誰と行うのか？　を明確に。

7. **How much（必要費用）‥‥いくらかかるのか**
   金額はいくらでやってほしいのか？　いくらかかるのか？　を明確に。

（2）関係者との連携

　人間にとって、今までやっていたことを変える、未知の仕事に取り組むというのは大きなストレスになります。このため、頭では良いことだと分かっていても変えたくないという心理が働き、反発や抵抗に走る人が現れる可能性があります。

　そのような事態を未然に防ぐために、関係者や関係する部署と密に連絡を取り合い、先述した 5W2H を共有し、意見調整・意思統一を行うことが大切です。

　また、スケジュールや全体の進捗、各人に任せたタスクなどを簡単に可視化できるようにしておくことは、仕事に対する責任感を高め、進捗の遅れを防ぐことにも効果的です。
　各メンバーが目の前の作業に集中できる環境を整えることで、メンバーのモチベーション

と連帯感を高めることができます。

3．数値目標を設定する

（1）目標を可視化／数値化する

　計画を立案する際は、目標を数字によって可視化することが重要です。

　個人としてはやるべきことが明確になり、組織としては進捗度合いを把握しやすくなる、といった効果が期待できるからです。

　目標を数値化するにあたり、ここでは KGI、KPI という単語をご紹介します。

（2）KGI (Key Goal Indicator)

　日本語では「重要目標達成指標」と訳されます。

　定義は様々ですが、ここでは問題が解決したと判断するには、どの指標がいくつになっていればよいのかという、最終的な目標数値を指すものとします。つまり

　　　「月の売上高を現状の 800 万円から 1,000 万円に増やすにはどうすればよいか？」

　　　が問題であれば

　　　「売上高 200 万円アップ」

　　　が KGI となります。

　KGI は、登山にたとえるとどの山を登るか（何を評価指標にするか）、登るとして山頂を目指すのか、八合目で引き返すのか（具体的な数値目標をどうするか）といった大まかな方針です。

　そして、具体的にどんな手段で、どんなルートで登るのかを数値で表し、管理できるようにした指標が、次にご紹介する KPI です。

（3）KPI (Key Performance Indicator)

　日本語では「重要業績評価指標」と訳されます。

　KPI は、KGI を達成して問題を解決するためのプロセス、すなわち課題や課題を解決するためのプロセスを評価するための指標です。

　売上高 200 万円アップという KGI に対して、新規顧客を何人増やすか、既存顧客のリピート率をどれくらい上げるか、客単価をどれくらい上げるかといった目標数値が KPI となります。

KGI と KPI の関係を図示すると次のようになります。

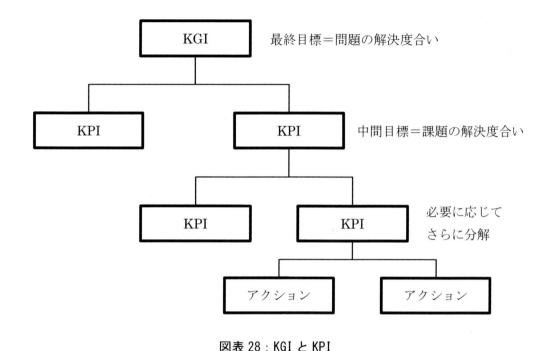

図表 28：KGI と KPI

（4）注意事項

　KPI は量、金額、時間、進捗率など、日々のアクションの結果が数値として反映されるものでなければ意味がありません。

　そして日々確認する以上、計測が容易であるか、BI ツール（ビジネスインテリジェンスツール：企業に蓄積された大量のデータを集めて分析し、迅速な意思決定を助けるためのツール）や自動レポートなどを活用して自動化する仕組みを構築すべきです。
　KPI の計測、つまり状況の見える化そのものには価値はありません。見える化した KPI を使ってどのような意思決定をするか、行動をするかが重要なのです。

　KPI は少なすぎても意味が無く、かといって細かくたくさん設定すればよいというものでもありません。
　KPI が一つしかない場合は事実上 KGI と同じものになってしまいますので、課題あるいは解決策の練りこみが不十分である可能性があります。
　逆に多すぎる場合は管理が煩雑になるだけでなく、計画立案において何が重要かを絞り込めていない可能性があります（KPI は「重要」業績評価指標です）。
　いずれにせよ、検討が不十分な状態で実行に移してもうまくいかない恐れがあります。

完璧な計画を作ることは不可能ですが、実行前に十分な検討をすることは不可欠です。

４．実行する

（１）実行とは何か

実行とは「計画に従って着実に業務を遂行していくこと」だけではありません。

- ・計画を実行した結果、それが有効だったのか
- ・やり方を改善する余地はないか
- ・より良い解決策が他にないか

などを検証し、次に同じ問題が起きたときにより良い解決策を考えられるよう、情報収集を並行して行います。そのためには

- ・一度にすべてを行おうとしない（段階的に実行する）
- ・KPI はもちろん、それ以外のデータも必要に応じて収集しながら実行する
- ・計画通りに進まない場合は、結果、詳しい状況、原因などを記録する

ことが重要です。

（２）進捗管理と新たに生じた問題の解決

実行に際しては、進捗管理と、実行するにあたって「新たに生じた問題の解決」が必要です。

進捗状況を確認するための報告会は定期的に開催し、計画に対しての現状を把握し、実行している中で新たに出てきた小さな問題を解決していきます。

ここで重要になるのが「可視化」です。

進捗を図やグラフで視覚的に理解できるようにして常に状況を確認しやすくしておくことで、問題や遅れにいち早く気付くことができ、素早く対処することが可能になります。

報告をする際は曖昧な表現ではなく定量的に示すようにしましょう。

たとえば、「少し遅れが発生しています」ではなく、「3 つのうち 2 つは計画通りですが、1 つのタスクで 4 日の遅れが発生しています」といった表現です。

最後に、忘れがちですが関わるメンバーの気持ちを労うことも大切です。

期間が長くなればなるほど、息抜きやこれまでの努力、成果への労いが、その後のモチベーションにつながります。

５．効果確認・評価

（１）実行結果を評価する

　計画を実行した結果は、以下のような軸で評価します。

- ・目標は達成できたか、あるべき姿が実現できたか
- ・計画通りに実行できたか
- ・予期しない弊害項目が発生しなかったか
- ・マイナス効果が出ていなかったか
- ・技術資産、知的資産として獲得できたものはあるか

　計画通りに進まなかった場合は、その原因の分析をします。

　計画通りに事が進んだ場合も成功要因の分析を行い、どちらにおいても計画で立てた数値目標を検証のテーブルに載せます。

　数値を具体的根拠として、具体性を持った検証結果としてまとめあげることが重要です。

（２）見えづらい成果にも目を向ける

　計画を実行していく過程で、想定している効果以外にも、数値化できない目に見えない効果が何かしら出ているものです。数値以外の効果にも目を配ってみて、どのような効果が出ているかを把握してみてください。

　たとえば、コミュニケーションが良くなりチームとして成長した。知識や経験値が上がり個人の能力が向上した、などが考えられます。

　組織のメンバーがタスクの完了や問題解決の成果にコミットするためには、評価を欠かさないことが大切です。

（３）マイナスの成果にも目を向ける

　一生懸命に取り組んだ問題解決ですから、頑張りを認めてほしいものです。

　報告のときは、効果が出たことを強調したいと思いますが、改善によって出たマイナスの面も把握しておきましょう。

　プラス・マイナス共に正しい評価をしておかないと、次回からの活動に活かせません。

（４）目標を達成できなかった場合

　目標値が達成できなかった場合は、原因がどこにあったかを探り、再アプローチをかけていきます。もう一度「課題を特定する」フェイズからやり直しましょう。

　目標が達成できなかった原因、たとえば解決策が非現実的で実施できなかったのか、問題や

課題に対して適切な解決策ではなかったのかなど、原因に応じて適切な再アプローチの方法を検討していく必要があります。

　今回の失敗（見逃していた点、検討不足、調査不足など）は、必ず次回の糧になりますので、良い反省点として捉え、結果が出るまでチャレンジしましょう。

６．標準化

（１）標準化とは何か

　標準化とは、トラブルであれば二度とそれが起こらないように再発防止をすること、万一再発した場合でもすぐに対応できるようにすることであり、変革であればその内容を組織に定着させ、変革前の状態に戻らないよう固定化させることを指します。

　つまり、問題解決の結果を一時的なもので終わらせず、長期にわたって持続させるための取り組みです。

（２）標準化のポイント

・形式知化

　仕事のやり方や仕組みを変え、それをマニュアルや手順書といった明文化された形に残します。

・教育訓練の仕組みを整える

　標準化した内容を周知するとともに、現在のメンバーだけでなく将来のメンバーにも伝わるように教育訓練の仕組みを整えます。

・組織風土として定着させる

　標準化された新しい仕組みの意味や重要性を全メンバーが理解し、組織風土として定着するような仕組みを作ります。
　具体的には人事評価制度の中に組み入れる、などが考えられます。

（３）よくあるミス

・マニュアルが使い物にならない

　マニュアルを作ったけれど、そもそも使い物にならない。あるいは、何年も前のもので現在は仕事のやり方が変わっている、といったケースは多くの現場で見られます。

　どんな人が読むのかを想定した上で分かりやすいマニュアルを作成するということはもちろん、改訂する仕組みも整えておくとよいでしょう。

・形骸化する

作業に慣れる、あるいは人づてに手順が伝承されていく過程で、なぜその手順が必要なのか、何のために行うのか、といった要素が失われ、「理由はよく分からないけれど手順だからここを目視確認する」「この項目とこの項目にチェックを入れる」という無意味な「儀式」に陥ってしまうことがあります。

手順を伝える際は必ず、なぜそれが必要なのか、それを怠るとどんなトラブルが起きうるのかといった背景まで併せて継承していくようにしましょう。

第６章 提案の仕方

１．提案の重要性

（１）伝わらなければ意味がない

　ここまで、問題を解決するにはどうすればよいか、そしてそれを実行するにはどうすればよいかをご紹介してきました。

　しかし多くの場合、解決策の立案者と実行するか否かを意思決定する人は異なります。具体的には、上司の指示で解決策を作成した場合や、お客様に改善提案をする場合などです。

　そのような場合、立案者は自身のプランがどのようなものかを相手に伝え、その価値を理解してもらい、採用を勝ち取らなければなりません。

　本章ではせっかく作成した問題解決プランが絵に描いた餅で終わらないために、どのように提案すればよいかという点について触れていきます。

（２）準備が大切

　提案というと、中には苦手意識を持つ人もいるかもしれません。
　「緊張してしまって言いたいことを言えなかった」
　「相手の質問に対してうまく答えることができなかった」
　このような経験をした人も少なくないでしょう。

　いわゆる「コミュニケーション能力」の高い人は、こうした悩みとは無縁でいられるのかもしれません。
　しかしそうでない人たちでも、これらを乗り越えることはできます。
　そのカギとなるのが、事前にどれだけ準備をするかということです。

　緊張している状態で、話す内容や順番、声のトーンや速さ、質問への答えをその場で考えながら話す。
　これはかなり難易度の高い行為で、失敗のリスクも高まります。

　であるならば、事前に（つまり緊張していない状態で）これらをすべて準備しておき、本番では話すことに集中できるようにする。
　これならば緊張していても乗り切れる確率は上がりますし、自信を持って臨めるので緊張

自体も緩和できるかもしれません。

　提案の成否は事前の準備にかかっているのです。

（3）提案の目的は何か

　まず明らかにすべきは、提案の目的は何かということです。

　結論から言ってしまえば

　「相手にこちらの望む行動をとってもらうこと」

　であり、具体的には

　「相手に解決策を採用し、実行してもらうこと」

　が最終ゴールになります。

　重要なのは「相手が」の部分。

　相手に動いてもらう以上、論理的に解決策の価値を理解してもらうとともに、感情的にも納得してもらう必要があります。

　そしてもう一つ重要なのは、最終的なゴールに至るまでに

　・**問題が存在することを認識してもらう**

　・**問題を解決する必要性を感じてもらう**

　・**解決策について知ってもらう**

　・**解決策を採用・実行してもらう**

　という複数のステップがあるということです。

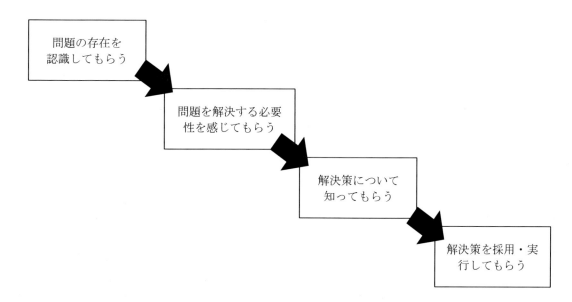

図表 29：ゴールへのステップ

必ずしも一度の提案で最終ゴールにたどり着く必要はありません。

今回の提案のゴールをどこに置くかが肝要ですが、それを決めるためにも

「相手を理解する」

というプロセスが極めて重要になってきます。

２．相手を理解する

（1）提案相手は何者なのか？

あなたが自社の商品をPRするとして、聞き手が小学生の場合と、取引先の購買担当者の場合とで、まったく同じ内容、同じ話し方をするでしょうか？

答えは「NO」のはずです。

小学生と購買担当者では持っている知識、興味を持つポイント、説明の理解度がまったく違うため、それぞれの状態に合わせて適切に対応を変えているはずです。

提案も同様で、成果を出すには相手が何者であるかによって内容や話し方を変えることが必要なのです。

（2）相手を理解する際の切り口

提案に際して相手を理解するために有効な切り口をいくつかご紹介します。

■立場と責任

相手がどのような立場にあり、何に対して責任を負っているかということです。

社長であれば全社的・長期的な観点から物事を判断するでしょうし、一担当者であれば所属する部署の利益や、自身の評価がどうなるかといった点が判断に影響してくる可能性があります。

■権限

相手は提案された解決策の採用を決定できる権限を持っているのか、持ち帰って上司の決裁を仰ぐ必要があるのか等です。

提案相手に決裁権がない場合、提案相手が上司に対して提案をすることになります。

上司の人物像や、提案相手がこちらの意図をしっかり理解してうまく上司に提案してくれるか等も気に掛ける必要があります。

■知っていることと知らないこと

提案内容や背景について、相手が何も知らないのであれば基礎から丁寧に説明する必要がありますし、そうでない場合はどこまで省略してよいのかを考える必要があります。

■経験や能力

知識と同様、相手の経験や能力によって提案の仕方は変える必要があります。
経験は価値観にも影響を与えます。

■性格や価値観

提案の中身が相手の価値観にそぐわない場合などは、特に注意が必要です。

■意見や感情

問題意識を共有できているのか、提案に対して好意的なのか否定的なのか、どんな不安や懸念を持っているのか等です。

以上を必要に応じて使い分け、提案相手の人物像を整理します。

（3）ゴールを決める

提案相手の状態を含めた様々な事情を考慮して、提案のゴールを設定します。

提案相手が問題の存在を認識しておらず、時間的に余裕がある場合は
「今回は問題の存在を認識してもらい、解決の必要性を感じてもらおう。解決策については次の機会に」
となるでしょうし、時間がなければ解決策の採用・実行まで一気に駆け抜ける必要があります。

ゴールをどこに設定するか、すなわち提案によって相手をどのような状態にしたいかによって、必然的にその内容は変わってきます。

3．プロセスを決める

（1）提案の目的を明確にする

提案の目的は、相手にこちらが望むアクションを起こしてもらうことです。
そのために、相手を現在の状態からアクションを起こすに至るまで、いかにして導くかというプロセスを考えます。

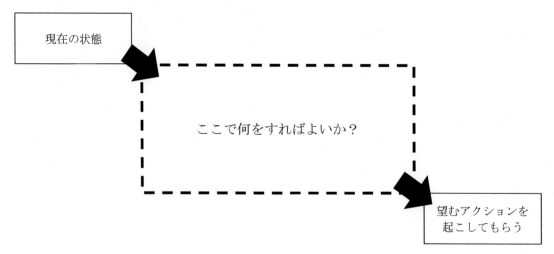

図表 30：いかにしてアクションを起こしてもらうか

（2）相手の負担を最小限に

　その際に意識すべきは

「いかに提案相手の負担を最小限にして、自分の提案を理解してもらうか」

ということです。

　極端な話、解決策をすべて話して相手が理解してくれれば、提案の目的は果たせることになります。しかし現実には、そこまで根気よく付き合ってくれる相手は少なく、どこかで興味関心を失ってしまうか、理解が追い付かなくなってしまうこともあります。

　そうならないためには

・**相手の興味関心を維持させるよう工夫をする**
　　→相手が知りたいこと、利益になること、知らないと損をすると思うことを話す
　　　相手が既に知っていること、興味の薄いことを長々と話さない
　　　相手に問いかけ、考えてもらう（一方的に話し続けるのではなく、対話を入れる）

・**相手が理解しやすいように伝える**
　　→全体像を示し、その中のどこを話しているか明確にする
　　　なぜ今、なぜあなたにこの話をしているのかを伝える
　　　この話を聞いた後、相手に何をしてほしいのか具体的に伝える
　　　重要なポイントを繰り返して強調する

　の二点に留意します。提案相手（聞き手）に次のアクションを起こしてもらうために、相手

にとって重要なこと、聞きたいこと、相手が次にやるべきことを明確に、順序よく話を組み立てていく必要があるのです。

（3）疑問を洗い出す

そのためには、まず提案相手が今回の提案について抱くであろう疑問を洗い出します。

解決策の提案であれば、通常は

・問題に対する疑問

「何が問題なのか」

「なぜ今その問題を解決しなければならないのか」

「他の問題よりも優先すべきものなのか」

・解決策の内容に対する疑問

「問題の解決に繋がるのか」

「他の解決策はないのか。ある場合は、なぜその解決策を提案しているのか」

「誰が、いつ実施するのか」

「実現できるのか。成功が見込めるのか」

「実施した際のリスクは何か」

「費用対効果はどうなっているのか」

などが想定できます。

もちろん、実際には表面化しない疑問もあります。

たとえば既に問題について認識合わせが済んでいる場合は、問題そのものに対する疑問が生じる余地はありません。解決策の内容から説明を始めるべきでしょう。

解決策について相手が熟知している場合は、実現可能性やリスクを説明する必要はありません。誰がいつ実施するのかといった実施レベルの説明が中心になるでしょう。

判断基準は常に「自分が何を話したいか」ではなく「相手は何を知りたいか」です。

（4）疑問に対する答えを用意し、シナリオを作る

疑問を洗い出したら、それらに対する答えを用意します。

答えそのものも大切ですが、なぜその答えに至るのかという根拠も併せて示すことが大切です。

たとえば

「実現できるのか」

という疑問に対する答えは当然 YES になるはずですが、なぜ実現できるのかという根拠

（担当者が優秀な人材であるとか、過去に成功実績があるとか）を示す必要があります。根拠を示せなければ、疑問に答えたことにはなりません。

　このようにして疑問に対する答え（以下、メッセージと呼びます）を洗い出したら、それらを並び替えてシナリオを作っていきます。

　具体的には「現在の状態（提案前の状態）」にある相手に対し、最初のメッセージをぶつけます。

　すると、相手の状態は変化するので、さらに次のメッセージをぶつけます。

　これを繰り返すことで相手の状態を変化させていき、最終的にゴールの状態（アクションを起こす）に持っていく。

　そのための筋道がシナリオです。

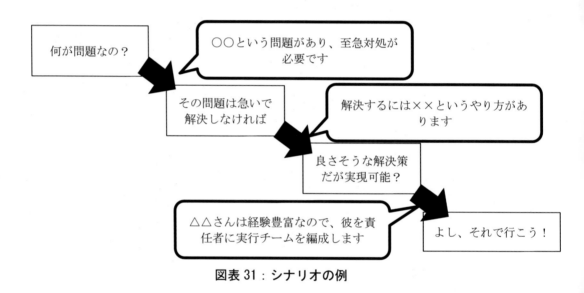

図表 31 : シナリオの例

　何を、どの順番で伝えれば最もスムーズに状態の遷移が進むかがポイントになります。

　どんなに重要なメッセージであっても、相手が既に知っていることや、相手の興味関心が薄そうなところは思い切って省略してしまっても構いません。ただし、質問される可能性はあるため、答えはしっかり用意しておく必要があります。

（5）見えない感情に配慮する

　疑問を洗い出す際は、感情面にも配慮することが大切です。

　ある解決策を示され、その実施に際して担当者が

　　「解決策の良さは分かったけれど、今までやったことがないし、正直面倒くさい」

と思っていたとして、その人はそれを正直に口にするでしょうか？

おそらくは NO です。何か別の理由を挙げて反対を続けることが予想されます。
いくらそれらに反論したところで「面倒くさい」という本音がある限り、その人に解決策を
承諾させるのは難しいでしょう。

そのようなときは、こちらから
「未経験の領域ですし、最初はうまくいかないことは織り込み済みです」
「最初の 1 か月は専門家のサポートが付きます」
というように見えない不安や不満を潰しておけば、スムーズに進む確率が高まります。

つまり、疑問を洗い出す際は理論的に導き出されるものだけでなく、感情面から生じる
「面倒なのになぜやらなくてはいけないのか？」
「失敗したら評価に傷がつくのでは？」
「作業負荷が増えてしまうのではないか？」
といったことも事前に洗い出し、その答えをシナリオに組み込んでおくべきです。

（6）よくあるミス
よくあるミスとしては
・相手が知っていることばかりを話してしまう
・相手が理解できないことばかりを話してしまう
・相手が興味のないことばかりを話してしまう
・提案内容を実行すると相手に負担や不都合が生じることを見落としたまま話してしまう
・次に取るべき行動が明確にわからないまま話が終わってしまう
というものがあります。

提案の目的は、相手に次のアクションを起こしてもらうことにあります。
常に「相手が」という意識を持って進めてください。

第7章 実践のために

　本書では問題解決のプロセスと、それによって生み出された解決策を提案する方法についてご説明してきました。

　これはあくまで手段の一つに過ぎず、本来の目的は問題を解決し、人や組織や社会をより良い状態にすることです。
　本書でもたびたび触れてきたことですが、目的を果たすことができるならば、手段にこだわる必要はありません。

　しかし、守破離（型を守り、型を工夫し、独自の型を作る）という言葉が示すように、最初は型を学ぶことが必要です。

　また、ご紹介した内容はそれを知ったからといってすぐに実践できる類のものではありません。筋トレを繰り返すうちにいつの間にか力が強くなっているように、繰り返し使うことでいつの間にか使えるようになるものです。
　ぜひ、日々の仕事や生活の中で実践していただきたいと思います。

　その際に意識していただきたいのは、一度にすべてを実践する必要はないということです。

「対策を考える前に、まずはあるべき姿を明確にしよう」
「どこで問題が起きているか、なぜ問題が起きているかの順で考えていこう」
　のように、部分的にでも使っていただければ、問題解決の力は確実についていきます。

　現代はVUCA（ブーカ＝Volatility：変動性、Uncertainty：不確実性、Complexity：複雑性、Ambiguity：曖昧性）の時代と呼ばれるようになって久しく、「今まで通り」が通用しないケースはこれまで以上に増えていくでしょう。
　つまり、問題解決力のニーズはますます高まっているのです。

　みなさまが、学びと実践の中で問題解決力に磨きをかけ、VUCA の時代に力強くしなやかにご活躍されることを願っています。

参考文献

・『グロービス MBA クリティカル・シンキング』グロービス経営大学院，ダイヤモンド社，
    2012 年
・『新人コンサルタントが入社時に叩き込まれる「問題解決」基礎講座』松浦剛志，日本実業
    出版社，2016 年

著者紹介

鵜飼 幸子（うかい さちこ）

ピノベーション株式会社　Founder　取締役

株式会社アリアーレ　Founder　取締役

特定非営利活動法人インデペンデンツクラブ　名古屋支局長

化学薬品メーカー研究所勤務を経て、2016 年に IoT スタートアップ　ピノベーション株式会社、2020 年に AI スタートアップ　株式会社アリアーレを創業。国・地方自治体が主催するスタートアップ支援プログラムに複数回選定され、事業開発に邁進すると共に、各種セミナー・イベントへも精力的に登壇。

起業家としての目線を活かし、スタートアップを支援する特定非営利活動法人インデペンデンツクラブの名古屋支局長としても活動中。

2019 年にオルタナティブを創業。ミッションは「人間の可能性を追求する」

友斉 照仁（ともなり てるひと）

トモナリ衛生材料株式会社　取締役　EC 事業統括

IT エンジニアを経て、2015 年にトモナリ衛生材料株式会社に後継者として入社。新たに EC 事業を立ち上げ、店舗運営や商品企画を統括する。

歴史ライターとしても活動すると共に、イベントや勉強会も主催。

2019 年にオルタナティブを創業。

ディスカッションを通じて考える力、伝える力、受け止める力を育む子供向けスクール「オルタ」の運営、コンサルティング、企業研修などを行う。

職業訓練法人Ｈ＆Ａ　　提案のための問題解決思考

2021年4月1日　　初 版 発 行 2023年4月1日　　第三刷発行	著 者　　鵜飼 幸子 　　　　　友斉 照仁

発行所　　職業訓練法人Ｈ＆Ａ
〒472-0023 愛知県知立市西町妻向14-1
TEL 0566(70)7766
FAX 0566(70)7765

発 売　　株式会社　三恵社
〒462-0056 愛知県名古屋市北区中丸町2-24-1
TEL 052(915)5211
FAX 052(915)5019
URL http://www.sankeisha.com

ISBN978-4-86693-414-3